AF451928

LES BEDOUINS,

OU

LA TRIBU DU MONT-LIBAN,

Pantomime en trois actes, à grand spectacle;

Par M. FRÉDÉRIC;

usique arrangée par MM. Alexandre et Lanusse.

Divertissement par M. Jaquinet.

Décors peints par M. Isidore.

Représentée, pour la premiere fois, à Paris,
au Cirque Olympique, le 10 Avril 1813.

PARIS,

BARBA, Libraire, Palais - Royal, derriere le
Théâtre Français, n°. 51.

DE L'IMPRIMERIE DE HOCQUET,
RUE DU FAUBOURG MONTMARTRE, N°. 4.

1813.

<table>
<tr><td>PERSONNAGES.</td><td>ACTEURS.</td></tr>
<tr><td>ABULMAR, chef des Arabes Bédouins (*).</td><td>M. Franconi aîné.</td></tr>
<tr><td>ZORAÏM, son Fils, ignorant sa naissance.</td><td>M. Franconi j^e.</td></tr>
<tr><td>ISMAEL, Pacha de Damas.</td><td>M. Bassin.</td></tr>
<tr><td>NOUREDIN, général de l'armée ottomane.</td><td>M. Bunel.</td></tr>
<tr><td>ZULIMA, sœur d'Ismaël.</td><td>Mad. Franconi j^e.</td></tr>
<tr><td>OLMADAR, vieux soldat, père adoptif de Zoraïm.</td><td>M. Dominique.</td></tr>
<tr><td>FATIME, femme d'Olmadar.</td><td>Mlle. Tigée.</td></tr>
<tr><td>CURGI, chef des ennuques du harem d'Ismaël.</td><td>M. Ahn.</td></tr>
<tr><td>OSCAR, premier lieutenant d'Abulmar.</td><td>M. Baudot.</td></tr>
<tr><td>CODALILI, paysan niais.</td><td>M. Gogibus cadet.</td></tr>
<tr><td>Adine, suivante de Zulima.</td><td>Mlle. Adèle.</td></tr>
</table>

Officiers, soldats et esclaves d'Ismaël.

Officiers, soldats et esclaves de Nouredin.

Officiers et soldats arabes.

Ennuques, nêgres, muets, etc.

La scène est en 1600, à Damas et aux environs.

(*) Les Bedouins sont des Arabes qui vivent sous des tentes et pillent les caravanes.

INTRODUCTION.

———

Abulmar, prince arabe, a été chassé de ses états par les troupes du Grand-Seigneur, et son épouse est tombée sous les coups de ces barbares. Ne respirant que vengeance, Abulmar quitte l'Arabie et vient, suivi des plus fidèles de ses serviteurs, chercher un asile dans les gorges du Mont-Liban. Il a confié son fils Zoraïm, seul fruit de son hymen, aux soins d'un simple soldat qui habite avec Fatime, sa femme, une chaumière située aux environs de Damas. Depuis longtems Abulmar fait des courses sur le territoire turc, et ne néglige aucune occasion de nuire à une nation qu'il abhorre ; son fils, élevé par Olmadar, ignore encore le secret de sa naissance, (car Abulmar ne veut point lui faire partager les périls de sa situation) ; mais son courage, le désir qu'il éprouve de se signaler, et la générosité qui le distingue, semblent déceler sa noble origine. Déjà son cœur n'est plus tranquille, il a vu la belle Zulima, sœur du Pacha de Damas, et il n'a pu se défendre de l'aimer.

C'est alors que commence l'ouvrage.

LES BEDOUINS;

OU

LA TRIBU DU MONT-LIBAN,

Pantomime en trois actes.

ACTE PREMIER.

Le Théâtre représente une forêt touffue : au fond, le baracé (fleuve qui coule aux environs de Damas), serpente au milieu des arbres et des plantes aquatiques, qui garnissent ses bords. A droite(*) est la simple cabane d'Olmadar, au-delà du fleuve, on apperçoit la ville de Damas, et le sommet du Mont-Liban; près de la chaumière est un cèdre dont l'épais feuillage couvre une partie de la scène.

SCENE PREMIERE.

Fatime sort de la maison ; elle regarde avec inquiétude dans les diverses avenues de la forêt, et

---

(*) Les indications de droite et de gauche doivent être prises relativement aux spectateurs.

exprime son impatience de ce qu'Olmadar, son époux n'est point encore arrivé ! « *Olmadar ne vient point, dit elle, qui peut le retenir à Damas ? lui sera-t-il arrivé quelque chose ? dans ce tems, on n'est pas en sureté ; les Arabes Bedouins de la tribu d'Abulmar, pillent, ravagent, et viennent attaquer les voyageurs jusqu'aux portes de Damas ; et Zoraim notre fils adoptif : rien ne peut calmer ma vive inquiétude.* » On entend un grand bruit. Fatime remonte la scène et rentre en exprimant que ce sont les Bedouins ! elle s'enferme dans sa chaumière.

SCENE II.

Des Villageois passent en fuyant ; des femmes traversent la scène, emportant dans leurs bras leurs enfans et leurs objets les plus précieux ; Codalili est avec eux, mais il s'est tellement chargé pour emporter tout ce qu'il possède, qu'il a peine à suivre les autres.

SCENE III.

Les Bedouins paraissent ; Oscar est à leur tête. Ils dépouillent Coda'ili, et se disposent à enfoncer la porte de la chaumière, un d'entr'eux qui porte une torche enflammée, veut même y mettre le feu ; Fatime ouvre la croisée et les supplie de l'épargner ; ils ne font que rire de ses prières et de ses plaintes, déjà ils ont enfoncé la porte de la chaumière ; déjà les cimeterres sont levés sur la tête de Fatime, les Arabes vont enfin exécuter leur projet horrible.

SCENE IV

Lorsqu'Abulmar paraît : *arrétez Bedouins*, leur dit-il d'une voix forte, *songez que cette chaumière renferme ce que votre chef a de plus cher au monde ! c'est Abulmar !* s'écrie Fatime, et soudain elle se précipite à ses genoux ; le son des trompettes qui se fait entendre dans l'éloiguement annonce qu'on se met de toute part à la poursuite des Bedouins ; Abulmar donne le signal du départ ; les Arabes paraissent peu disposés à obéir, mais le chef sait les y contraindre, il se met à leur tête , et tous sortent.

SCENE V.

Fatime restée seule , regrette que le chef des Bedouins se soit éloigné sans qu'elle ait pù lui parler de son fils.

SCENE VI.

Olmadar et Zoraïm arrivent ; Zoraïm conduit un cheval , sur lequel est un sac plein de provisions.

Olmadar vole dans les bras de Fatime ; Fatime embrasse Zoraïm, et tous trois se mettent en devoir de rentrer les provisions dont le cheval d'Olmadar est chargé ; Fatime leur raconte les dangers qu'elle a courus , elle dit ensuite à voix basse à Olmadar ; *j'ai vu Abulmar* ; Olmadar lui fait signe de se taire , en jettant un coup d'œil significatif sur Zoraïm ; ce jeune homme , au récit de Fatime , se sent enflammé de colère ; il veut aller exterminer les Arabes. Olmadar et Fatime parviennent à le faire changer de résolution ; Zoraïm sort et emmène le coursier d'Olmadar.

SCENE VII.

« *Le malheureux !* dit Fatime en le voyant s'éloigner, *contre qui veut-il prendre les armes?* » à ce moment on entend un grand bruit, et l'on voit accourir à toutes jambes, Codalili ; le plus simple et le plus bavard des Villageois voisins d'Olmadar ; il arrive tout essouflé, et semble leur annoncer une grande nouvelle ; Zoraïm sort de la chaumière, il s'informe de la cause du bruit qu'il entend ; Codalili ne peut répondre qu'en lui montrant dans la campagne, l'objet qui lui cause un si grand saisissement.

SCENE VIII.

Le son des clairons et des tambours annonce l'arrivée d'un corps militaire; on voit bientôt paraître un officier turc, suivi d'un grand nombre d'Asas, [*] l'un d'eux porte une riche bannière, sur laquelle on lit l'inscription suivante:

Cent bourses d'or à qui livrera mort ou vif,
Abulmar, chef des Bédouins.

Le chef des Turc exprime au peuple assemblé, que par l'ordre de l'illustre Ismaël, Pacha de Damas, tous les habitans doivent prendre les armes contre les Bedouins ; la publication de cet ordre se fait au son d'une musique militaire, et la bannière est fichée en terre, pour faire connaître à

(*) Archers turcs.

tous les habitans, les volontés du Pacha. Zoraïm
exprime combien il désire se signaler dans cette
guerre ; l'officier fait un appel à tous les jeunes
gens, Zoraïm court le premier se ranger sous son
étendart ; plusieurs autres imitent son exemple ;
alors , l'officier se remettant à la tête de ses gens,
sort suivi de son cortege et dans le même ordre
que lors de son arrivée.

SCENE IX.

Zoraïm remarque avec peine la tristesse dans
laquelle Olmadar et Fatime sont plongés ; pendant qu'il cherche à en savoir la cause , on voit
paraître au fond , une barque dans laquelle est un
homme enveloppé d'un grand manteau, il amarre
sa barque au rivage et descend sans être apperçu ;
il paraît reconnaître Olmadar et s'approche doucement ; Zoraïm, dans cet intervalle, a questionné
son père adoptif, et Olmadar lui a déclaré qu'il
s'opposait à son départ ; l'âme fière et noble de
Zoraïm s'indigne du lache repos dans lequel on
prétend le retenir ; les instances d'Olmadar, les
prières de Fatime, rien ne peut ébranler sa résolution, il prend ses armes et se dispose à s'éloigner. « *Hé bien* , lui dit Fatime , *tu vas connaître un secret que nous aurions voulu te cacher
toujours.* » Zoraïm reste interdit, Olmadar prend
son poignard et trace les mots suivans sur un rocher , avec la pointe de son arme :

Tu es le fils d'A.....

Il va achever ; Zoraïm qui parcourt ces mots
avec la plus grande curiosité , va connaître le secret de sa naissance , losque l'étranger arrivé dans
la barque et qui s'est glissé près d'eux sans être vu,

arrête le bras d'Olmadar, qui reste saisi de surprise et de respect; Fatime éprouve le même sentiment que son époux, tandis que Zoraïm considérant cet inconnu, ne sait que penser de son étrange conduite; sur un signe de l'étranger, Olmadar engage Zoraïm à se retirer; Zoraïm ne sait s'il doit obéir, alors le personnage mystérieux s'approche de lui, lui prend la main et le prie de rentrer un moment; Zoraïm voudrait refuser, mais il ne se sent pas la force de résister à cet homme qui sait prendre tant d'empire sur lui; il sort en exprimant l'inquiétude et l'attendrissement.

SCENE X.

A peine Zoraïm est-il sorti, que l'étranger jette la longue mante qui le couvre, et les deux époux reconnaissent Abulmar; tous deux s'inclinent respectueusement devant lui; Abulmar leur reproche leur indiscrétion, ils s'excusent sur l'ordre donné par le Pacha, sur lempressement de Zoraïm à combattre les Arabes, et sur la crainte qu'ils éprouvaient de le voir porter les armes contre son père: Abulmar tire une bourse de sa ceinture, la donne à Olmadar, et lui dit avec attendrissement: *cher Olmadar, prends cette bourse, éloigne mon fils, et qu'il ignore toujours qu'Abulmar est son père.* Olmadar le lui promet, et il rentre avec Fatime dans la chaumière.

SCENE XI.

Abulmar resté seul, se livre au plaisir de se retrouver près de son fils, mais, hélas.... ce plaisir est mêlé d'amertume , il ne songe qu'avec douleur que ce fils qui pouvait être l'orgueil de son père, doit rester inconnu et méconnaître toujours celui qui lui donna la vie. Il parcourt la scène, apperçoit la bannière et recule d'effroi en voyant l'arrêt porté contre lui.

SCENE XII.

Codalili entre au fond , et s'arrète en appercevant Abulmar : il semble le reconnaitre, il n'ose pas se montrer, et parait très effrayé en voyant les gestes de désespoir que fait Abulmar , il se cache afin de mieux observer ; Abulmar exprime sa douleur, il prend la bannière et la foule aux pieds ; Codalili le menace et s'éloigne furtivement, pendant qu'Abulmar va tomber accablé de douleur, sur un banc de gazon.

SCENE XIII.

Olmadar sort de la chaumière avec Zoraïm ; qu'Abulmar veut embrasser encore avant de rejoindre sa troupe ; Abulmar s'approche du jeune homme qui parait toujours saisi de respect en sa présence , il lui demande son amitié, Zoraïm lui répond avec chaleur, Abulmar lui tend la main, Zoraïm lui donne la sienne et se précipite dans ses bras ; le chef des Bedouins le presse sur son cœur avec tendresse , puis faisant ses adieux à Olmadar , il se dispose, quoiqu'avec peine, à s'arracher de ce lieu ; dans ce moment, le son des clairons et des trompettes se fait entendre , Olmadar exprime qu'il serait inprudent qu'Abulmar le quittât dans cet instant, mais le chef veut absolument partir.

SCENE XIV.

Plusieurs gardes à cheval entrent en scène; ils portent un riche étendart sur lequel sont gravés en lettres d'or, les paroles suivantes :

Honneur au puissant Ismaël, Pacha de Damas, et à la belle Zulima, sa sœur !

Olmadar et Zoraïm forcent Abulmar à rentrer dans la chaumière.

SCENE XV.

Le cortège du Pacha entre en scène, et lui-même paraît bientôt sur un superbe coursier, il est entouré de ses gardes, et d'une troupe nombreuse d'Esclaves ; au même instant, une barque élégament ornée, paraît sur le fleuve; Ismaël met pied à terre, Zulima descend de la barque, et tous deux viennent en scène, le peuple les salue avec respect, Zoraïm semble vivement ému à la vue de Zulima ; la princesse dit au peuple assemblé :

Mes amis, les Arabes ont de nouveau ravagé vos habitations, faites-moi connaître ceux d'entre vous qui ont des droits à la magnificence du généreux Ismaël, et croyez que c'est un plaisir bien doux pour mon cœur, que de pouvoir réparer tous les maux que ces brigands vous ont fait souffrir.

Tous les habitans tombent aux genoux de Zulima, la Princesse reçoit de son frère une bourse pleine d'or. qu'elle partage entre tous ces infortunés; ils se pressent en foule autour d'elle, la bénissent et supplient Mahomet de leur conserver cette généreuse protectrice ; Zoraïm la suit des yeux et l'admire ; la Princesse s'adresse à Olmadar et à Fatime, *et vous* leur dit-elle, *qui sans doute, habitez cette chaumière, pourquoi ne pas réclamer votre part du bienfait d'Ismaël ?* Olmadar et Fatime s'inclinent respectueusement devant la Princesse ; Zulima paraît emue, elle fixe Zoraïm ; le son des clairons et des trompettes se fait de nouveau entendre, la Princesse monte dans la barque, et tous s'éloignent ; le peuple les suit en bénissant Ismaël et Zulima.

SCENE XVI.

A peine le cortège est-il éloigné, qu'Olmadar fait sortir Abulmar ; mais à cet instant, Codalili entre au fond, suivie d'un officier et de quelque asas ; Ils avancent doucement et sans être apperçus, et au moment où Abulmar se retourne pour s'éloigner, il se trouve entouré par tous les Turcs qui lui font signe de rendre les armes ; Abulmar tire son cimeterre et se dispose à se défendre ; mais accablé par le nombre, il est bientôt désarmé. Olmadar qui veut le seconder, est terrassé par les Turcs ; dans ce moment, Zoraïm sort de la chaumiere, il voit le danger qui menace Abulmar et son père adoptif. prendre un cimeterre, fondre sur les Turcs, dégager Abulmar est pour lui l'affaire d'un instant ; Abulmar et Zoraïm arrachent ensuite Olmadar des mains des Turcs, et après un combat vif et court, les Asas prennent la fuite.

Abulmar, débarrassé des Turcs, presse dans ses bras ce fils à qui il doit la vie, fait ses adieux à Olmadar et s'éloigne précipitamment.

SCENE XVII.

Zoraïm et Olmadar se félicitent de le voir enfin hors de danger ; le tems s'obscurcit, le tonnerre gronde dans l'éloignement, et tout annonce un violent orage. Olmadar et Zoraïm rentrent dans la chaumière.

SCÈNE XVIII.

Bientôt l'orage augmente considérablement, les flots du fleuve se gonflent, son cours devient rapide, les éclairs se succèdent continuellement, et le tonnerre roule avec un bruit épouvantable.

Les gens du pacha courent çà et là ; les uns emportés par leurs chevaux, les autres donnant toutes les marques du plus grand effroi. Bientôt le Pacha lui-même entre en scène ; il met pied à terre et tend les bras vers le fleuve, avec tous les signes d'un violent désespoir.

Un moment après, on voit paraître la barque dans laquelle est Zulima à genoux, et les bras tendu au ciel. Ses suivantes sont près d'elle, mais les nègres qui ramaient ont péri. Le Pacha tire une bourse de sa ceinture, et promet la plus brillante récompense à celui qui sauvera sa sœur. Personne ne se présente, cependant l'orage augmente à chaque instant, et bientôt la foudre tombe sur la barque qui se brise et s'engloutit.

SCENE XIX.

Aux cris du désespoir que jetent le Pacha et ses gens, Zoraïm sort de la chaumière ; prompt comme l'éclair, il gravit un rocher et se précipite dans le fleuve. Après quelques instans de terreur et d'incertitude, il reparait tenant dans ses bras la Princesse évanouie, il la dépcse sur un braucard que l'on vient d'apporter, et qu'on a couvert d'une riche draperie ; on y place tous les carreaux du palanquin ; Fatime prodigue ses soins à la Princesse ; son frère est près d'elle, Zoraïm est à ses genoux. Bientôt Zulima revient à la vie, elle serre la main de son généreux libérateur ; Ismaël offre à Zoraïm sa bourse et une riche bague, il refuse tout et déclare qu'il est assez payé par son cœur. *Hé bien, brave jeune homme je t'attends*, dit Ismaël *dans mon palais, je saurai te récompenser comme tu le mérites.*

On éloigne Zulima, Zoraïm entre dans la chaumière avec Oldamar et Fatime.

Tableau géuéral.

Fin du premier acte.

ACTE II.

Le théâtre représente les jardins du Pacha à Damas. A droite un pavillon d'une structure élégante, et fermé, dé toutes parts, par de riches draperies. A gauche est un trône orné de trophées, dont le piédestal masque une issue souterraine conduisant sur les bords du fleuve, et hors de l'enceinte du Palais. Au fond une grille richement dorée, supportée par un socle et des pilastres en marbre blanc. Au milieu de la grille est une porte également-ment dorée, des jalousies et des rideaux masquent les appartemens du Harem qui sont au-delà de cette grille.

SCENE PREMIERE.

Au lever du rideau, Ismaël est debout; à la droite du théâtre, sa sœur, vêtue d'habits magnifiques, est près de lui, les noirs sont près d'eux, l'un porte l'étendart du Pacha, l'autre un riche cimeterre, le troisième une écharpe, et le quatrième une chaîne d'or; un peu plus sur la gauche est Zoraïm couvert d'habits richement brodés; il a un genou en terre sur un coussin : les principaux officiers du Pacha, et les gardes garnissent la scène. Zulima s'adresse à Zoraïm *Tu m'as sauvé la vie,* lui dit-elle, *le pacha pour reconnaître ton dévouement t'attache désormais à son illustre personne; ces présens doivent être le prix de ton courage ; il te confie la garde de son étendart, et il ne doute pas que tu ne te montres digne de cet honneur éclatant; accepte ses dons que tu as si bien mérités, et reçois, de Zulima, cet anneau comme un gage de sa reconnaissance, garde - le toujours, et qu'il rappele sans cesse à ton cœur celle dont tu as sauvé la vie.* Zoraïm jure de rester à jamais fidèle au Pacha, il s'agenouille de nouveau et reçoit, des mains de la Princesse, la chaîne, l'écharpe et le cimeterre qui lui sont destinés; Ismaël prend son étendard des mains de l'esclave qui en était chargé, et le confie à Zoraïm; ce dernier le prend, tire son cimeterre, et promet de défendre son étendart aux dépends de sa vie. Tous les officiers et les soldats élèvent leurs armes pour exprimer leur satisfaction ; le Pacha embrasse Zoraïm, Zulima lui donne sa main à baiser, elle est tremblante; Zoraïm, en recevant cette faveur, paraît troublé. Ensuite le Pacha fait rentrer Zulima dans l'intérieur du Harem, et sort d'un autre côté suivi de tous ses officiers et soldats.

SCENE II.

Zoraïm fixe ses regards, en soupirant, sur cette grille qui le sépare de Zulima ; il n'est ébloui ni des honneurs qu'il vient de recevoir, ni de la magnificence qui règne dans ce beau séjour: un seul objet occupe sa pensée et enchaîne toutes ses sensations. N'osant peindre à Zulima la passion qui le dévore, il veut du moins s'entretenir avec celle qu'il adore sans qu'elle puisse le soupçonner de s'abandonner à un amour aussi déraisonnable. Il veut faire un *Seylam* (1), qui retrace tout ce qu'il n'ose dire à la Princesse. Il cueille des fleurs, choisit celles qui, par leur signification, peuvent le mieux exprimer ses pensées, et en forme un bouquet arrangé avec simétrie. Il entend du bruit et se hate de jetter son seylam derrière la draperie du pavillon.

SCENE III.

Curgi, le chef des eunuques, vient brusquement lui intimer l'ordre de quitter les jardins ; Zoraïm voudrait, avant d'obéir, reprendre son seylam, mais le vieil eunuque qui se trouve du côté du pavillon, l'en empêche et le presse de s'éloigner. Zoraïm craignant d'éveiller les soupçons de l'argus et espérant d'ailleurs qu'il n'ira pas chercher dans le pavillon, s'éloigne rapidement, et se promet de revenir bientôt afin de dérober à tous les regards ce muet témoin de sa vive flamme.

SCENE IV.

Le vieux Curgi ne voit qu'avec dépit l'arrivée de ce nouveau venu, et la faveur dont il jouit déjà près d'Ismaël. Il craint qu'il ne puisse un jour lui nuire, et se promet de ne rien négliger pour le perdre, s'il en trouve l'occasion. Il s'approche du petit pavillon, en arrange les draperies et aperçoit le seylam. Sa joie est extrême ; il ne doute pas que ce bouquet n'ait été fait par Zoraïm, et espère qu'il pourra découvrir l'esclave à laquelle il est destiné.

(*) Bouquet ou arrangement mystérieux de fleurs dont on se sert en Afrique et en Asie pour faire connaître sa passion à l'objet aimé, quand on est géné par des surveillans.

il cherche envain dans sa tête, et ne peut former aucune conjecture. Il aperçoit Zulima, replace le seylam de manière à ce qu'elle ne puisse passer sans l'apercevoir, et se cache sous les draperies du trône afin de tout observer.

SCENE V.

Zulima sort du Harem et vient un moment respirer l'air frais de ce jardin ; ce lieu lui est cher, c'est là que Zoraïm a reçu de sa main la récompense de son généreux dévouement. Elle est plongée dans une sombre mélancolie, et cherche à découvrir a cause du trouble qui règne dans tous ses sens. Elle aperçoit le seylam.

SCENE VI.

Curgi la considère attentivement. Zulima prend d'une main tremblante le bouquet ; elle en examine chaque fleur, et à mesure qu'elle en comprend le sens son émotion augmente. Elle cherche à deviner par qui ce seylam a été déposé là. Tandis qu'elle est plongée dans ses réflexions, Zoraïm paraît au fond du théâtre; il se glisse avec précaution le long de la grille, et en regardant de tous côtés si personne ne peut l'apercevoir, il s'aproche du pavillon. A l'instant où il croit saisir son bouquet, il se trouve devant Zulima. La Princesse le fixe avec surprise, et Zoraïm confus recule précipitamment. Zulima commence à soupçonner vérité, d'un geste elle arrête Zoraïm qui voudrait fuir sa présence, et l'amenant sur l'avant-scène: *Zoraïm, lui dit-elle, est-ce toi qui a fait ce seylan?* il n'ose d'abord repliquer ; enfin il s'enhardit et avoue que c'est lui ; Zulima continue :

*Je lis dans l'arrangement de tes fleurs, res-
pect, timidité, amour pour la vie ; à qui fais-
tu donc cette douce promesse ?*

Il avoue que c'est à elle que le bouquet est destiné ; le premier mouvement de Zulima est de se
livrer à la joie, mais bientôt elle dissimule sa sa-
tifaction ; Zoraïm tombe à ses genoux et implore
le pardon de sa faute. Zulima cache, sous l'appa-
rence de la sévérité, le plaisir qu'elle éprouve à se
voir aimée ; Zoraïm croit voir sa perte écrite dans
les yeux de celle qu'il adore ; il pense que Zulima,
saisie d'indigation, va le livrer aux esclaves d'Ismaël, et prévenir le Pacha de sa témérité. Zulima
remonte la scène d'un air courroucé, puis elle
change tout-à-coup l'expression de sa physiono-
mie ; Zoraïm, transporté de joie, couvre de bai-
sers la main de la Princesse. Curgi, enchanté de
cet événement, s'échappe doucement pour aller
rendre compte au Pacha de tout ce qu'il a vu. Heu-
reusement Zulima se retourne et l'aperçoit. Elle
lui offre une bourse s'il veut garder le secret, et
Zoraïm le menace s'il a l'intention de le trahir. Curgi hésite un moment, puis réfléchissant aux menaces et au pouvoir de Zulima, il prend prudem-
ment le parti de dissimuler jusqu'à ce qu'il puisse
agir sans danger. Il prend la bourse et se prosterne
aux pieds de Zulima.

SCENE VII.

On entend dans l'éloignement une marche brillante ; Zulima ordonne à Zoraïm de la quitter ; il
obéit, baise amoureusement la main de la Princesse
et sort. Zulima renouvelle à Curgi ses menaces ;

elle lui remet le seylam, et lui ordonne de le remettre dans son appartement, il proteste de sa fidélité et rentre dans l'intérieur du Harem.

SCENE VIII.

Ismaël entre en scène, suivi de plusieurs esclaves ; il paraît très-joyeux : il embrasse Zulima et
semble lui annoncer une heureuse nouvelle. Le
Pacha ordonne a tous ses esclaves de se disposer à
célébrer par une fête brillante, l'arrivée de Nouredin. Curgi ouvre la grille, les jalousies se lèvent,
les draperies du petit pavillon se nouent, et tous
les esclaves du Pacha se réunissent sur la scène.

SCENE IX.

La marche se fait de nouvau entendre, et le cortège de Nouredin entre en scène; Nouredin porté sur un riche pavois, est entouré de petits nègres magnifiquement vêtus, qui jouent de divers
intrumens et battent la mesure sur des tambourins
turcs. Quatre soldats portent le pavois, et une foule
de soldats, dont plusieurs font flotter dans les airs
leurs bannières de Nouredin, précèdent et suivent
leur maître. Après avoir fait le tour du théâtre,
le cortège s'arrête; Nouredin descend du pavois;
Ismaël lui dit :

*Vaillant Nouredin, sois le bien-venu dans
le palais d'Ismaël; notre sublime sultan m'ordonne de récompenser ta valeur, et je ne puis
t'offrir de prix plus digne de toi, que la main
Zulima.*

Nouredin paraît être au comble de ses vœux,
il met un genou en terre devant Zulima : tous les
soldats et les esclaves de Nouredin imitent leur

maître, et rendent hommage à celle qui bientôt doit être leur souveraine. Zoraïm ressent les tourmens de la jalousie, et cet hymen prochain porte le désespoir dans son âme.

Nouredin, Ismaël et Zulima se placent dans le petit pavillon, et les esclaves d'Ismaël unis à ceux de Nouredin, exécutent un divertissement.

A la fin de la fête, Ismaël, Nouredin et Zulima descendent du trône; ensuite Ismaël, pour finir dignement cette journée, veut unir les mains de Nouredin et de Zulima. Zulima s'y refuse. Etonnement d'Ismaël; les yeux de Nouredin expriment la surprise et l'indignation. *Pardonnez, ô mon frère*, s'écrie aussitôt Zulima, *mais il m'est impossible de céder à vos vœux.* Ismaël et Nouredin lui demandent le motif de ce refus. Zulima répond: *c'est un secret que je ne puis réveler qu'au seul Nouredin.* Aussitôt tout le monde se retire, les yeux de Zoraïm expriment la plus vive inquiétude, et ceux d'Ismaël la fureur la plus violente.

SCENE X.

Nouredin et Zulima sont restés seuls; tout le monde s'est éloigné, à l'exception de Curgi qui, curieux de connaître le sujet de cet entretien, s'est glissé derrière une des coulonnes du pavillon.

Nouredin vivement ému, demande à Zulima la cause du refus dont elle vient de l'accabler; Zulima reste quelque tems en silence, afin de pouvoir se remettre du trouble qu'elle épouve. Cet instant de retard irrite encore davantage l'impatience du fougueux Nouredin, il répète sa demande, alors Zulima se rassurant, lui dit :

Seigneur, je dois vous déclarer qu'avant de vous connaître, mon cœur s'était donné; j'aime et je serais coupable, si j'obéissais au Sul-

tan. Vous aimez ! s'écrie Nouredin avec fureur, *et quel est l'heureux mortel ?...... — Si vous renoncez à ma main, il vous devra son bonheur et vous le connaîtrez ; si vous êtes incapable de cet effort généreux, ce serait exposer celui que j'aime, à votre vengeance, et ma bouche se gardera bien de le trahir.*

Zulima s'éloigne, malgré les efforts de Nouredin pour la retenir.

SCENE XI.

Nouredin resté seul, laisse éclater toute sa fureur, mais cette fureur est impuissante ; il ne peut se venger puisqu'il ne connaît pas son rival, il tombe accablé sur les marches du tr ne :   ce moment, Curgi s'offre à sa vue ; il cherche à calmer la rage de Nouredin ; *nomme-moi mon rival, s'écrie le furieux, et ta fortune est faite* ; Curgi prend son poignard, écrit le nom de Zoraïm, et le fait lire à Nouredin. Nouredin, dans le premier mouvement de la jalousie, veut aller sur le champ percer de mille coups le téméraire qui s'oppose à son bonheur ; mais Curgi l'arrête et lui fait comprendre qu'il est d'autres moyens de se venger, plus sûrs et plus prudens ; il tire de sa ceinture un papier écrit (et fait lire à Nouredin les mots suvans : *Zoraïm, quand la seconde heure de la nuit aura sonné, trouve-toi près de la grille du harem, prudence, exactitude ; il y va du bonheur de ta vie.* Il explique à Nouredin qu'il va faire parvenir cet écrit à Zoraïm, que ce dernier croyant recevoir un rendez-vous de Zulima, ne manquera point de s'y trouver, (*le jour baisse.*) il fait entendre à Nouredin que Zoraïm, une fois en ce lieu, on se saisira de sa personne, alors poussant une pierre du piédestal, il démarque l'entrée du souterrains *Je comprends quel est ton projet*, dit Nouredin ; *oui, que Zoraïm soit conduit sous ces sombres voûtes ; qu'il y recoive la mort, et que le fleuve ensevelisse jusqu'aux moindres traces de son trépas*, lui donnant un diamant qu'il ôte de son doigt, *sois fidèle, et compte sur ma reconnaissance.* Nouredin sort en exprimant l'impatience qu'il éprouve de se venger.

SCENE XII.

Curgi se félicite d'avoir trouvé un si bon moyen de satisfaire la haine qu'il porte à Zoraïm ; il est content de ce que sa méchanceté est si profitable pour lui, et qu'elle le deviendra davantage encore ; il appêle : un noir paraît, il lui remet le papier, lui ordonne de le porter à Zoraïm, et surtout, lui défend de lui dire de qui il le tient ; l'Esclave le promet et Curgi sort.

SCENE XIII.

L'Esclave veut sortir de l'autre côté ; il est arrêté par Zulima et sa suivante ; troublée par de sinistres pressentimens, Zulima a quitté le harem et a machinalement porté ses pas du côté du trône ; le trouble de l'Esclave la frappe ; elle s'informe de ce qu'il fait en ce lieu, il donne un motif vague qui ne convainct pas la princesse ; cependant, n'en pouvant tirer d'autre éclaircissement, elle va le laisser sortir, quand la suivante qui a apperçu le papier qui passe dans sa ceinture, le saisit adroitement et le remet à sa maîtresse.

L'Esclave qui se voit découvert, se jette à ses pieds, et déclare que ce papier est destiné à Zoraïm ; Zulima frémit , elle craint que ce ne soit un piége que l'on tend à son amant , elle remarque que le lieu du rendez-vous est près du trône; elle se rappelle que ce trône, érigé en l'honneur des anciens Rois de Damas , masque un souterrain , elle soupçonne un affreux complot, et prend la résolution de le découvrir ; elle rend l'écrit au noir, et lui dit : *obéis aux ordres que tu as reçus:* l'Esclave reprend le billet et s'éloigne.

SCENE XIV.

Zulima agitée par l'idée du projet qu'elle médite , prend ses tablettes , écrit à la hâte quelques mots et dit à sa suivante :

Hâte-toi, ma chère Adine, fais parvenir promptement ces tablettes à Olmadar ; je connais sa tendresse pour Zoraïm , je lui fais part du complot affreux tramé contre la vie de ce jeune homme, et je lui donne les moyens de le sauver. Pars, et songe que tu tiens dans tes mains le destin de Zulima.

La suivante lui jure une fidélité à toute épreuve, change son voile contre celui de la Princesse et sort pour exécuter ses ordres.

SCENE XV.

Trois sons de trompe se font entendre ; c'est le signal auquel toutes les portes du sérail doivent être fermées ; bientôt Zulima distingue les pas des esclaves qui font la ronde , pour s'assurer qu'aucune femme n'est hors de l'enceinte du Harem. Elle cherche les moyens de se soustraire à leurs regards.

Voici le signal auquel les grilles du Harem doi- vent être fermées , dit-elle , *évitons la rencontre des gardiens du sérail.*

Cependant la ronde approche , elle cherche un lieu propre à se cacher.

SCENE XVI.

Curgi entre du côté opposé, il vient de tout pré- parer et se hâte d'accourir pour être témoin de la clôture du Harem ; dans l'obscurité , il se jette dans Zulima , et sentant que c'est une femme, il la sai- sie par son voile , et appelle au secours. Les escla- ves de ronde arrivent avec leur lanterne ; Zulima va être découverte , elle n'a que le tems de déta- cher le voile qu'elle laisse entre les mains de Cur- gi , et tremblante elle parvient à gagner le trône , et fuit devant les soldats qui la cherchent. Un of- ficier fait le tour du trône, elle esquive sa pour- suite et parvient à lui échapper.

SCENE XVII.

Ne trouvant rien , Curgi ne peut soupçonner qui est cette femme qui s'est échappée si subite- ment, et ne voulant pas garder les esclaves dans la crainte qu'ils n'aperçoivent Nouredin et ses agens, il est le premier à renoncer à toute recherche ; les esclaves s'éloignent, Curgi ferme la grille du Ha- rem, et sort en examinant toujours le voile.

SCENE XVIII.

A peine sont-ils éloignés , que Zulima quitte sa retraite, après s'être assurée qu'elle le peut sans danger. Son inquiétude et son trouble augmentent à chaque instant; sa suivante ne revient point; elle prête l'oreille et n'entend rien; enfin après quelques momens d'angoisses, elle entend distinctement marcher. Aussitôt elle se place derrière le piedestal, et attend en silence.

SCENE XIX.

C'est Nouredin et trois de ses principaux officiers; dans la fureur qui l'agite il a devancé l'heure du rendez-vous. Il cherche à reconnaître le lieu où il se trouve, il éprouve d'abord quelque difficultés, mais il touche l'obélisque et se reconnait.

O Mahomet ! livre - moi ma victime, s'écrie l'impétueux Nouredin;

O ciel ! sauve mon libérateur , dit la tendre Zulima;

Le soldat de garde frappe deux fois sur le tamtam placé dans un minaret du palais, pour y servir de beffroi, ces deux coups annoncent la seconde heure. Curgi ouvre la grille, et vient trouver Nouredin : à peine l'heure fatale a-t-elle sonné que Zoraïm paraît.

SCENE XX.

Zoraïm désarmé entre en scène sans la moindre défiance. Il est loin de soupçonner le péril qui le menace. Ses assassins se sont retirés pour n'être pas aperçus, mais ils reviennent doucement par derrière, le saisissent. Nouredin lève son poignard et veut le frapper. Zulima l'arrête, Nouredin ordonne à Curgi d'éloigner la princesse, puis il s'avance vers le souterrain et pousse la pierre.

SCENE XXI.

Aussitôt Abulmar en sort précipitamment, saisit Curgi, le terrasse et se jette au-devant de Zoraïm, qu'il couvre de son corps, tandis que ses bras armés de deux pistolets, tiennent Nouredin en respect. Zulima saisit vivement Zoraïm et le fait passer à l'autre côté de l'obélisque, les officiers de Nouredin veulent se précipiter sur Abulmar, mais un pareil nombre de Bedouins, armés de pistolets, a eu le tems de sortir du souterrain et les tient dans la même position que leur maître, Olmadar les conduit, c'est lui qui a été prévenir le chef des Arabes du danger qui menaçait Zoraïm, il lui a remis les tablettes de Zulima, et Abulmar, suivi seulement de quatre Bedouins déterminés, est venu au secours de son fils. Zulima presse Zoraïm sur son cœur, et lui ordonne de partir, en lui disant :

Fuis Zoraïm, bientôt nous seront réunis.

Il rentre dans le souterrain avec Abulmar et ses compagnons. Zulima à genoux remercie le ciel, tandis que Nouredin et ses complices épuisent en vain leur rage et ne peuvent s'opposer à leur départ.

Tableau général.

Fin du second acte.

ACTE III.

Le Théâtre représente une des retraites des Arabes dans les régions inhabitées du Mont-Liban. De côté et d'autres ; des arbres et des buissons. Quelques tentes d'Arabes sont dressées en ce lieu solitaire, les unes sur des charriots, les autres seulement tendues avec des cordages attachés aux arbres.

SCÈNE PREMIÈRE.

Au lever du rideau, les Bedouins sont diversement groupés et la scène présente le tableau d'une halte. Quelques Arabes font sentinelle. Oscar entre et s'afflige de ce qu'Abulmar n'est point de retour, il dit : *je suis inquiet de l'absence de notre chef : cette nuit, un homme est venu le trouver ; ils ont eu ensemble un long entretien à la suite duquel Abulmar est parti accompagné seulement de quatre des nôtres d'une bravoure à toute épreuve, depuis ce tems il n'a point reparu. Je connais la haine qu'il porte aux Turcs, et les justes motifs qu'il a de haïr cette nation barbare qui l'a privé de l'heritage de ses pères ; sans ce funeste événement, Abulmar régnerait en Arabie, il ferait le bonheur de ses sujets et sa tête ne serait point mise à prix comme celle d'un vil chef de brigands. Mais il ne revient point ! serait-il tombé dans quelque embucade ? si je le pensais je volerais près de lui et dussé-je périr, je ne regretterais point la vie si je pouvais délivrer Abulmar.* On entend du bruit, Oscar sonne d'une trompe qu'il porte en sautoir ; tous les Arabes se mettent sous les armes.

SCÈNE II.

Abulmar arrive accompagné de Zoraïm et des Arabes qui l'ont suivi dans le palais d'Ismaël. Abulmar présente son fils aux Bedouins de sa Tribu, qui paraissent surpris de le voir. *Bedouins,* s'écrie Abulmar, *ce jeune homme ma sauvé la vie, partout où vous le rencontrerez gardez-vous de lui faire la moindre insulte, et obéissez lui comme à un autre moi-même.—Il faut nous séparer, cher Zoraïme, peut-être un jour me sera-t-il permis de te revoir, mais jusqu'à ce moment, fuis le cruel Nouredin, et compte sur l'amitié d'Abulmar.* Zoraïm étonné de plus en plus du langage et des actions d'Abulmar, prend congé de lui ; le chef des Bedouins le presse sur son cœur, les Bedouins s'inclinent devant Zoraïm, qui sort avec Olmadar.

SCÈNE III.

A peine Zoraïm est il éloigné qu'un Arabe accourt et parle bas à Abulmar qui s'écrie aussi-tôt : *aux armes, Bedouins, les Turcs se disposent à nous attaquer ; songeons à nous défendre.* Mouvement de fureur de tous les Bedouins. Oscar entre d'un autre côté et dit :

Abulmar, une riche caravanne s'avance.

A cette nouvelle, les Bedouins paraissent transportés de joie ; le penchant qui les porte au pillage leur fait négliger l'avis qu'ils ont reçus d'Abulmar, tous veulent marcher contre la caravanne. Abulmar tire son cimeterre, leur barre le passage, et déclare qu'il fera voler la tête au premier qui s'occupera d'autre chose que des ordres qu'il va donner. Les Bedouins vaincus par cette démarche hardie, baissent un front humilié devant leur chef, et promettent de lui obéir en tout ce qu'il commandera.

Abulmar ordonne aussi-tôt de lever le campement ; soudain, les tentes sont pliées, une partie des Arabes s'éloigne sous le commandement d'Oscar ; les autres ayant Abulmar à leur tête restent pour attendre leurs ennemis, et se couchent à plat-ventre dans le creux des rochers, derrière les arbres et les buissous.

SCENE IV.

L'avant-garde des Turcs arrive : Ismaël et Nouredin le suivent de près, accompagnés du reste de leurs troupes. Nouredin est triste, son orgueil s'offense de ce que Zoraïm peut le braver et surtout de ce que Zulima lui préfère un rival si peu digne de lui. Ismaël cherche à calmer sa jalouse colère. Un grand bruit se fait entendre.

SCENE V.

Zulima, sous le costume d'une jeune esclave musulmane, accourt, elle fuit ; sa frayeur est extrême en reconnaissant Ismaël et Nouredin, elle veut continuer sa course, le pacha l'arrête, et presqu'aussi-tôt Curgi et quelques eunuques arrivent *Dieu* ! s'écrie Nouredin, *c'est Zulima. Oui*, lui répond

Zulima, *qui préfère abandonner le palais d'Ismaël*, *plutôt que de devenir ton épouse ; c'est moi qui ai sauvé Zoraïm de ta fureur, c'est moi qui saurai mourir plutôt que d'être jamais à toi.* Curgi cherche à s'excuser de ce que la princesse a trompé sa surveillance ; Ismaël accable Zulima de violens reproches : elle ne cherche point à se justifier, et loin de vouloir changer de sentiment, elle répète devant son frère le serment d'aimer Zoraïm jusqu'au dernier soupir ; Ismaël irrité au dernier point, tire son poignard et déclare à Zulima que si elle ne renonce à l'instant même à ce jeune téméraire, il lui donnera la mort ; Zulima présente son sein et déclare que rien ne peut lui faire oublier Zoraïm ; Ismaël furieux, veut lui percer le sein, Nouredin arrête son bras, Zulima fuit, Curgi l'arrête, Ismaël, le poignard à la main, poursuit sa sœur...

SCÈNE VI.

A ce moment Abulmar et ses Arabes, qui sont sortis doucement de leur retraite, fondent inopinément sur les troupes du pacha, les surprennent et les mettent en fuite ; Nouredin et Ismaël tombent au pouvoir du vainqueur et sont entraînés par les Bedouins ; Abulmar les suit.

SCENE VII.

Zulima arrive à l'instant où l'on entraîne Ismaël et Nouredin, elle veut voler près de son frère ; Curgi, qui est entré derrière elle, la détourne de ce projet téméraire et l'engage à retourner à Damas, elle cède à ses instances ; à ce moment, deux Arabes paraissent, l'un saisit Zulima, l'autre poursuit l'eunuque, Curgi voyant qu'il ne peut lui échapper, se met à genoux et lui demande la vie ; l'Arabe voyant, à sa mise, que ce n'est point une proie digne de l'arrêter, lui donne un coup de cimeterre qui fait voler son turban, et le laisse là. Curgi se croyant mort, est tombé la face contre terre, il se relève, sa tête chauve est découverte, il s'éloigne avec précipitation.

SCENE VIII.

Les deux Arabes entraînent Zulima ; elle fait d'inutiles efforts pour leur échapper ; furieux de la résistance qu'elle leur oppose, l'un d'eux lève son cimeterre sur la tête de Zulima, c'en est fait de la sœur d'ismaël..,

SCENE IX.

Lorsque Zoraïm entre en scène, suivi d'Olmadar ; à sa vue, les Arabes se souvenant de l'ordre de leur chef, s'éloignent avec respect.

Zulima se précipite dans les pras de son libérateur. Plusieurs officiers et soldats d'Ismaël entrent en scène ; ils cherchent le pacha. Zulima leur apprend qu'il est prisonnier des Arabes ; les soldats expriment leur indignation. Zoraïm leur ordonne de le suivre, et va combattre les Bedouins ; envain Olmadar, qui frémit à l'idée d'un tel combat, veut arrêter ses pas ; il part suivi des soldats turcs.

SCENE X.

Zulima se livre à la joie, en songeant, que non seulement elle doit deux fois la conservation de ses jours au courage de Zoraïm, mais qu'elle va peu-têtre lui devoir encore le salut de son frère. Loin de partager ses espérances, Olmadar est en proie à la plus vive inquiétude; il croit voir Zoraïm combattant contre Abulmar, et tout semble lui retracer l'affreuse image d'un fils expirant sous les coups de son père, ou du père frappé par son propre fils. Des coups de feu se font entendre, le combat est engagé, la terreur d'Olmadar redouble.

SCENE XI.

On voit paraître successivement des Arabes se battant contre les amis de Zoraïm; ce dernier tenant Ismaël d'une main, et de l'autre écartant avec son redoutable cimeterre la foule d'assaillans qui l'environne. Ismaël parvient à saisir une arme et seconde de son mieux son libérateur Abulmar furieux du carnage que Zoraïm fait des siens, marche à lui, il lève son cimeterre pour le frapper, quand reconnaissant Zoraïm il recule précipitamment. A ce moment, Nouredin et le reste des Turcs accourent, les Bedouins prennent la fuite, Nouredin frappe Abulmar avec son poignard; Abulmar tombe et se trouve entouré par tous les Turcs auxquels la victoire est restée.

SCENE XII.

Olmadar es pénétré du malheur d'Abumar; Zulima présente Zoraïme an pacha; Ismaël est trop généreux pour que le ressentiment qu'il a contre Zoraïm lui fasse oublier les services qu'il en a reçus; il tend la main à Zoraïm et en remercie avec amitié; Nouredin est furieux. Le pacha ordonne à ses soldats de saisir le chef des Arabes , Zoraïm voyant le sang couler de sa blessure , se sent ému; il déchire sa ceinture , bande sa plaie et s'appercevant qu'il se soutient avec peine, il le soutient et l'aide à marcher. Ismaël ordonne que tout le monde parte pour retourner à Damas, il donne la main à Zulima et sort accompagné de Nouredin, d'Abulmar, de Zoraïm, d'Olmadar et des soldats turcs.

Le Théâtre change et représente une cour du pacha à Damas ; au fond les remparts surmontés du Minaret au milieu duquel est suspendu un *Tam-tam* ; près de ce beffroi est l'entrée des prisons. Au deuxième plan , à gauche, l'entrée d'une salle basse servant de magasin.

SCÈNE XIII.

Fatime suit Curgi qui est entré avec des soldats, elle s'informe de son mari et de son fils adoptif ; Curgi refuse de l'instruire.

SCENE XIV.

Ismaël arrive; il est suivi de Zoraïm , d'Abulmar et d'Olmadar : des soldats Turcs les suivent et les entourent. Surprise de Fatime : Ismaël ordonne qu'on enferme Abulmar dans la tour, et charge Curgi de veiller sur lui , il sort suivi de ses gardes.

SCENE XV.

Curgi veut forcer le chef des Bedoins à entrer dans la tour ; aussi grand , aussi calme dans l'infortune que dans la prospérité, Abulmar ne s'a-

baisse à faire aucune prière, et s'emble ne s'occu-
per que de son fils ; eu passant devant Zoraïm , il
lui lance un regard qui fait la plus vive impression
sur l'âme de ce jeune : il entre dansla prison,
Curgi et quelques soldats l'y suivent.

SCENE XVI.

Le regard qu'a lancé Abulmar sur Zoraïm occupe ce dernier ; il s'étonne de l'émotion qu'il
éprouve; pendant ce tems, Fatime se fait expliquer
par Olmadar tout ce qui s'est passé. Fatime partage la douleur d'Olmadar : elle ne voit d'autre
moyen de sauver Abulmar, que de révéler à Zoraïm le secret de sa naissance. Olmadar s'y oppose,
il lui représente les chagrins auxquels ils vont livrer l'infortuné remis à leurs soins. Dans ce moment Zoraïm les questionne avec chaleur sur le
prisonnier , Olmadar hésite, mais Fatime le prend
par la main , l'amène sur l'avant-scène et lui dit:

*Il n'est plus possible de te cacher ce fatal secret;
cet Abulmar auquel tu prends un intérêt si vif, est
ton père !*

Zoraïm tombe accablé par cette affreuse et tar-
dive confidence. Curgi sort de la tour, il congédie
les soldats et sort lui-même, afin d'aller chercher ce
qui est nécessaire à son prisonnier.

SCENE XVII.

Un officier du Pacha paraît sur les remparts,
suivi de plusieurs soldats Turcs:ils arrivent sur une
marche luguble ; l'officier attache à la pointe du
minaret un étendart noir sur lequel on lit ces
mots:

*Dans une heure le rébelle Abulmar recevra la
mort en ces lieux.*

L'officier et les soldats s'éloignent.

SCENE XVIII.

A la lecture de cette fatale inscription , Zoraïm
paraît en délire ; son père va périr , et c'est lui qui
le livre à la mort : aucun moyen de le sauver ! Olmadar prend pitié de ce malheureux jeune homme ;
Fatime et lui cherchent à lui donner quelqu'espé-
rance , mais rien ne peut calmer le désespoir de
Zoraïm.

SCENE XIX.

Zulima entre en scène : elle remarque l'état affreux de Zoraïm. Elle s'approche , afin de lui offrir quelques consolations :

*Fuyez , Madame , lui dit Zoraïm , fuyez un
malheureux qui vient de livrer son père au glai-
ve des bourreaux.*

Zulima reste interdite , Fatime et Olmadar lui
confirment ce que Zoraïm vient de lui dire. Zulima
ne peut flatter d'aucun espoir ce malheureux jeune homme ; elle connaît les ordres du Grand-Seigneur , l'inflexibilité de Nouredin , et prévoit que
le Pacha ne pourrait épargner les jours d'Abulmar,
même quand il en aurait le désir.

SCENE XX.

Curgi arrive , et annonce l'arrivée de la caravane.

*Seigneur, dit-il à Zoraïm , une caravane char-
gée de riches présens , que le seigneur Nouredin destine à notre illustre Pacha , a heu-
reusement échappé aux Bedouins ; elle est dans
ce palais.*

SCENE XXI.

A la vue de Curgi , Zalima a paru concevoir une idée subite ; elle fait éloigner Zoraïm , Fatime et Olmadar ; ensuite elle montre à Curgi ses bagues et ses bijoux , et lui offre tout, s'il consent à faire évader son prisonnier. La vue de ce riche présent tente fort la cupidité du vieillard , cependant il craint la colère d'Ismaël; mais rassuré par la protection de la Princesse, il consent à rendre la liberté au chef des Arabes. Zalima est au comble de la joie ; elle fait renouveller à Curgi la promesse de rendre la liberté à son prisonnier, et s'éloigne précipitamment afin de prévenir Zoraïm.

SCENE XXII.

La Caravanne entre en scène ; on voit des Esclaves portant des coffres et des ballots marqués au nom d'Ismaël ; on place les coffres sur le théâtre, et l'on porte les ballots dans la salle à gauche ; pendant ces divers mouvemens , le chef de la caravanne tire un Esclave à l'écart et lui dit : *mon projet a réussi ; nous voici près des lieux où l'on retient notre chef, va rejoindre nos camarades et dis-leur de se tenir prêt au premier signal ; songez tous qu'il faut périr ou sauver Abulmar,* on reconnaît Oscar sous ce déguisement ; Curgi reparaît ; et les Arabes déguisés s'éloignent , mais sans sortir du château.

SCENE XXIII.

Curgi resté seul , compte avec avidité tout ce que cette journée lui a valu ; il entend du bruit et cache son trésor, c'est Nouredin qui arrive ; à sa vue , Curgi conçoit l'idée d'une nouvelle fourberie : il s'assure que personne ne peut l'entendre et raconte à Nouredin le projet de Zoraïm et de

Zulima ; Nouredin saisit avidement cette occasion de perdre son rival ; Curgi appelle un nègre lui ordonne de se placer dans le minaret , et de frapper le tam-tam, au moment où Abulmar sera sur le point de s'échapper , le nègre le lui promet . et Nouredin sort , afin d'aller prévenir Ismaël.

SCENE XXVI.

Zulima et Zoraïm reviennent avec Olmadar ; ce dernier porte un manteau destiné à déguiser Abulmar ; Curgi ouvre la porte de la tour , et en fait sortir Abulmar ; Zoraïm se jette à ses pieds, Abulmar le relève et l'embrasse, Olmadar lui jette le manteau sur les épaules , Zoraïm le prend par la main et l'entraine ; à ce moment le nègre sonne le beffroi : des soldats turcs paraissent et ferment de tous côtés le passage aux fugitifs : Nouredin et Ismaël paraissent agités de divers sentimens.

SCENE XXV.

Nouredin montre à Ismaël de quelle manière son protégé sait reconnaître ses bienfaits ; Ismaël reproche à Zoraïm, l'abus qu'il fait de sa confiance: Zoraïm lui avoue qu'Abulmar est son père , et il ne lui demande pour prix des services qu'il a rendus à lui et à sa sœur, que de périr à la place d'Abulmar ; Ismaël est touché de cette preuve d'amour filial, les prières de Zoraïm , celle de Zulima l'attendrissent ; il voudrait pardonner ; il semble consulter Nouredin *non* , *non*, dit ce barbare, *les ordres du Sultan doivent être respectés ; il faut qu'Abulmar périsse ;* aussitôt , il fait un signal, un muet arrive , il porte un large cimeterrre , et s'apprête à faire voler la tête du coupable , au premier signal d'Ismaël on recommence à prier le ı a ha , Nouredin fait un signe, le muet se saisit d'Abulmar, malgré la résistance de Zoraïm qui veut le couvrir de son corps : il force Abulmar à se mettre à genoux : déjà le cimeterre est levé sur la tête d'Abulmar ; un coup de pistolet part, le Marchand d'esclaves jette la mante et la barbe qui le déguisaient, on reconnaît Oscar ; à ce signal, tous les coffres s'ouvrent, et de chaque coffre, il sort un Arabe le sabre et le pistolet au poing, la salle s'ouvre et une foule de Bedouins, en sortent le sabre à la main.   (*Tableau.*)

SCENE XXVI ET DERNIERE.

Le combat s'engage, les arabes forcent les turcs à plier devant eux. Abulmar, malgré sa faiblesse et la douleur qu'il ressent de sa blessure, saisit une arme et se dispose à joindre les combattans ; dans ce moment Nouredin se présente à lui ; ils se battent avec fureur ; Abulmar affaibli par le sang qu'il a perdu, lui cède la victoire ; il est terrassé et va périr sous les coups de Nouredin, quand Oscar entre en scène, voit le danger qui menace Abulmar et frappe Nouredin d'un coup mortel.

On voit paraître le pacha poursuivi par les arabes qui veulent venger sur lui les dangers que leur chef a courus, Abulmar s'oppose à ce qu'ils immolent Ismaël : les Turcs et les Arabes arrivent en foule, le combat va recommencer, lorsqu'on entend une fanfare et l'on voit paraître un courier à cheval, porteur d'une bannière sur laquelle on lit ces mots :

De par le Sultan.

Si Abulmar se soumet, sa hautesse veut qu'on lui rende ses titres et ses biens

Abulmar ne balance pas à déposer son cimeterre au pied de l'étendard du sultan, tous les Bedouins imitent sa conduite. Ismaël l'embrasse, il unit sa sœur à Zoraïm, tous les soldats Turcs et Arabes elèvent leurs armes autour de la bannière.

Tableau Général.

9 782329 423500